DISCOURS

PRONONCÉS

A L'ATHÉNÉE DES DAMES,

PAR M. CARTIER-VINCHON.

IMPRIMERIE D'HIPPOLYTE TILLIARD,

RUE DE LA HARPE, N° 78.

DISCOURS

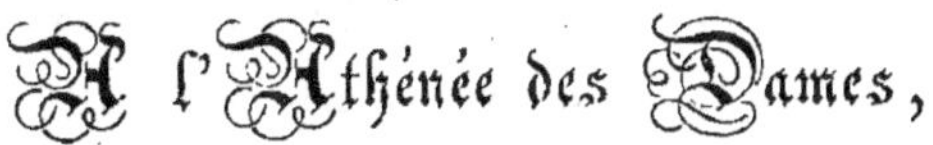

À l'Athénée des Dames,

PAR M. CARTIER-VINCHON,

SECRÉTAIRE PERPÉTUEL DE L'ATHÉNÉE,

A L'OCCASION DE L'ANNIVERSAIRE DE LA NAISSANCE

DE S. A. R. MONSEIGNEUR

LE DUC DE BORDEAUX.

Les bons rois font les bons peuples, et les bons peuples chérissent les bons rois.

Sous le tiède soleil des régions du nord, comme dans les climats riants, soit de l'Europe, soit de l'Asie; dans tous les pays où les hommes raisonnables et sages, où les grands peuples ont confié leur gouvernement à des rois, le respect et l'affection héréditaires environnent le trône du monarque. Les innombrables familles dont la réunion compose l'état, regardent le prince comme le père commun de tous ses sujets. Et convaincues, par leur propre expérience, qu'une semblable réunion de volontés en faveur d'un seul homme, qu'une si vaste obéissance, consentie par tant de caractères divergents et naturellement absolus, tient du surnaturel et du prodige, les nations ne balancent pas à voir le doigt de Dieu dans l'existence des monarchies, et une mission tout à fait divine dans la haute magistrature des rois.

Ce noble et généreux sentiment, ignoré des hordes errantes et sauvages, a fait depuis mille et mille siècles le bonheur des peuples civilisés. Chez ces peuples fidèles et soumis, le monarque n'a qu'à se montrer, et il entend retentir autour de lui les tendres acclamations de l'amour filial et de la reconnaissance. Une affliction personnelle, une maladie subite viennent-elles apporter l'épouvante ou le deuil dans son palais? Cette épouvante, cette consternation franchissent aussitôt le seuil de ce palais devenu funèbre, et les capitales et les provinces en frémissent et versent des pleurs.

Ce prince, favorisé de la nature, a-t-il reçu de cette main libérale et propice la beauté corporelle et les charmes si utiles de l'extérieur, les peuples enthousiasmés, accourent sur son passage; ils recherchent cette douce présence comme un spectacle flatteur pour leur amour-propre, et en quelque sorte nécessaire à leur félicité.

Lorsque Louis-le-Grand, par la mort du cardinal, son habile tuteur et son premier ministre, saisit enfin les rênes de l'état, il n'avait pas encore atteint sa vingt-deuxième année. Tendrement dévoué à la reine, sa mère, il s'était fait une loi de respecter lui-même son administration et sa régence; et quoique le désir et le noble instinct de la gloire bouillonnassent dans son cœur, il avait voulu enseigner aux Français la modération et l'obéissance par sa propre obéissance et sa modération. Il avait feint de s'ignorer lui-même pour que tout le monde l'ignorât. Plein d'honneur et de reconnaissance, comme le sont tous les grands cœurs, il avait voulu que le sceptre demeurât aux mains généreuses qui l'avaient fait servir de bouclier à son berceau ; et qu'Anne d'Autriche, mère d'un roi de vingt-un ans, prouvât au monde entier, par sa puissance conservée et par les respects de son fils, combien elle avait mérité de porter et de défendre une couronne, puisqu'un jeune héros s'en abstenait pour la consolider sur le front maternel.

Les hommes attentifs, les esprits judicieux, véritables appréciateurs des grands hommes, ont toujours admiré ce noble désintéressement dans la belle carrière de Louis XIV : ils y ont vu la base de sa politique, et la cause féconde de toutes ses actions d'éclat. Il avait grandi au milieu des camps, au milieu des agitations civiles. De bonne heure son jugement avait remarqué cette fièvre d'insubordination que les Frondeurs de ce temps là ne voulaient peut-être pas exagérer jusqu'à la révolte ; mais il en est de la santé des nations comme de celle des individus : si elle s'altère, il ne faut pas que ce soit pour long-temps. Le mal physique et le mal moral sont exterminateurs de leur nature, et les médecins de l'un et de l'autre sont tenus d'aller vite et de se hâter.

Louis rétablit donc l'ordre public en offrant son exemple aux simples individus ; et les Français, imitateurs par caractère, mirent l'obéissance et le devoir à la mode, pour se conformer au goût de leur jeune roi.

Vous le voyez, Messieurs, ce ne fut point par la terreur de ses volontés, mais par l'aimable ascendant de son caractère, que Louis-le-Grand soumit à son sceptre et à son char toutes les volontés.

Ce premier avantage étant acquis et non pas conquis, le monarque se développa rapidement dans la carrière du génie et de la gloire, comme ces beaux soleils des journées printannières qui, vainqueurs des brouillards du matin, montent avec aisance dans les régions du firmament, et couvrent bientôt de leur éclat la nature entière.

La naissance de ce prince, destiné à réhabiliter le pouvoir royal et la supériorité du gouvernement monarchique, la naissance de ce prince, demandée au ciel pendant vingt années, fut enfin accordée à la nation qu'il devait pacifier et immortaliser par dessus toutes les autres. La capitale, dans l'ivresse de sa joie, donna le spectacle prolongé d'un enthousiasme sans bornes. Les travaux furent suspendus; les tribunaux oublièrent, durant plusieurs jours, et les noms des plaideurs et les forfaits des grands coupables. Par un secret pressentiment, les villes et les hameaux célébrèrent l'avénement du *père de la patrie;* et la naissance du petit-fils fit verser autant de larmes de joie que la mort de l'aïeul avait fait couler de pleurs et pousser de tristes soupirs.

Cette circonstance de notre histoire rappelle à mon esprit, vous rappelle également, j'en ai la certitude, la naissance de ce nouveau DIEUDONNÉ, que notre patrie en deuil reçut, il y a trois ans, des mains de la Providence elle-même.

Moins heureux que Louis XIV, le jeune prince dont je parle n'a jamais vu le tendre sourire d'un père. Orphelin avant de participer à la vie, il est né dans un palais arrosé de larmes, dans des appartements tendus de deuil.

Aussi heureux que Louis XIV, notre DIEUDONNÉ a reçu du ciel pour indemnité dans ses malheurs, une mère plus occupée du salut de son cher enfant que de sa propre conservation et de son existence; une mère qui, à peine sortie de son adolescence, a connu toutes les tribulations de la vie, et s'est montrée supérieure à tous les attentats, à tous les périls les plus affreux; une mère qui s'est acquis, par sa clémence, un empire durable sur tous les cœurs, et par son courage inoui, l'admiration du peuple et le tendre dévouement de nos armées; une mère en qui la France attendrie reconnaît toute la magnanimité des Bourbons et toute la circonspection, toute la prudence de la maison d'Autriche.

N'en doutons point, Messieurs; le noble, l'auguste enfant venu de son sein, réserve aux Français toutes les vertus, toutes les illustres perfections de sa mère.

Fils de notre prince infortuné, vous promettez à nos soldats la brillante valeur de votre père; Fils de Caroline, vous nous promettez son amabilité, son indulgence, sa politesse bienveillante, son aversion pour le désordre et pour l'injustice, son amour du travail, son goût éclairé pour les arts, sa noble munificence pour les artistes, son respect pour les choses saintes, sa tendresse inépuisable pour les malheureux, sa reconnaissance pour tous les services rendus à l'état; vous nous promettez enfin un règne de gloire et de bonheur, puisque ce sont les vertus des rois qui font la force des empires et la vénération des sujets.

Déjà l'amour des peuples vous recherche et vous environne. Quelque rapide que soit votre char, voyez le concours habituel qui se presse sur votre passage. Votre naissance avait été vivement désirée;

votre développement occupe l'attention de tous les esprits ; votre admirable santé fait le bonheur de tous ceux qui vous voient ; vos aimables attentions vous gagnent chaque jour mille cœurs.

Combien la noble éducation qui vous est destinée perfectionnera les dons précieux que votre heureuse naissance a mis en vous ! Héritier encore éloigné, mais présomptif, d'un trône qu'a raffermi la sagesse, vous apprendrez de bonne heure que le plus sûr moyen de travailler à la félicité des peuples, c'est de régner soi-même, et de régner avec tant d'à-propos et d'habileté, que l'assentiment général confirme tous les décrets du chef de l'état, et le mette au-dessus des rivalités et des concurrences.

Mais j'aperçois dans le palais un de ces hommes extraordinaires qui présideront sans doute à cette royale éducation. Le poste d'honneur et de confiance qu'il exerce auprès de l'auguste mère, nous fait présager d'avance l'importante mission qui lui est réservée auprès du fils.

A la plus parfaite connaissance du monde, ce noble duc joint toutes les qualités que Louis XIV recherchait dans les nobles gouverneurs de ses enfants ; et si ma prévoyance est une sorte de prophétie, combien la patrie sera reconnaissante d'un tel choix !... Le respect m'empêchera d'articuler son nom ; mais vous le prononcerez facilement, Messieurs, lorsque je vous rappellerai que ses *pensées* ont la profondeur des *pensées* de Larochefoucault, que ses *portraits* sont aussi frappants que les *portraits* de La Bruyère ; et qu'à la sagesse de Montesquieu il sait unir le coloris et la finesse de Fontenelle.

DISCOURS

PRONONCÉ

PAR M. CARTIER-VINCHON,

SECRÉTAIRE PERPÉTUEL DE L'ATHÉNÉE,

Le Vendredi 29 Août 1823.

MESDAMES ET MESSIEURS,

DÉJA les doux accents des Muses de l'Athénée ont flatté vos sens, ont enchanté vos esprits.

Déjà le Dieu de l'harmonie a fait retentir cette enceinte de ses accords mélodieux, et tout se réunit encore aujourd'hui pour prouver aux incrédules, que nos artistes, même les plus célèbres, sont ici sur le vrai chemin de la gloire, et tout près du temple où les lauriers de la renommée se changent en couronnes d'immortelles.

Tel est le résultat de la bonne opinion qu'a fait naître l'*Athénée des Dames*, que de nombreuses demandes d'admission nous arrivent de toutes parts, et nous sont adressées par les classes les plus distinguées de la société.

Cependant, je ne dois pas vous dissimuler que l'enthousiasme qui se manifeste quelquefois à la naissance des sociétés littéraires, n'aurait rien de durable, si la confiance et le respect qu'inspirent leurs fondateurs ne soutenaient victorieusement l'édifice social.

En effet, Messieurs, et tel est le cœur de l'homme : les gens honnêtes s'alarment naturellement, les gens tièdes doutent du succès, les délateurs et les envieux nient presque toujours; mais heureusement, les sages examinent, et j'invoquerai toujours ces derniers, si jamais, ce que je n'ose supposer, notre zèle venait à se ralentir.

Dans vos précédentes soirées littéraires, vous avez unanimement applaudi les discours de Mesdames les *Patronesses* [a], parce que vous avez reconnu dans le choix des pensées et du style, non l'enveloppe trompeuse, mais le véritable cachet de la science; non les étincelles passagères, mais le feu sacré du génie.

D'autres pièces fugitives, fruit de l'imagination aussi vive que brillante de Mesdames de Beaunay, de Flesselle, de la Bouisse, B. de Caudemberg, ont enlevé vos suffrages; et vous ont paru dignes de l'impression. Le *Journal de l'Athénée* reproduira ces fleurs dans toute leur fraîcheur.

Dans d'autres réunions, consacrées à l'admiration des beaux-arts, M. Romagnési a bien voulu charmer nos alentours par l'harmonie des sons enchanteurs d'une voix toute divine, et dont l'agréable écho flatte encore nos cœurs attendris, en leur imposant le souvenir de la reconnaissance.

Notre gratitude n'est pas moins prononcée en faveur de Mademoiselle Élisa Berlot, de qui le nom est aussi cher aux arts, que son agréable talent est précieux et recherché dans la société.

---

[a] Quatre Dames *Patronesses* sont élues par la Société, pour faire les honneurs du Cercle pendant un an.

Les historiens modernes nous ont transmis les tableaux des anciennes académies, et nous nous sommes appliqués à étudier, à connaître leurs travaux littéraires.

Qui donc oserait contester à ces académies l'amélioration, les progrès de la civilisation? Qui leur disputera l'honneur des réformes utiles, et le bonheur même des peuples qu'elles ont immortalisés?

Mais croiriez-vous, Messieurs, que par une sorte d'injustice ou de droit du plus fort, ces académies soient restées constamment fermées aux femmes? Comme si leur goût n'était pas toujours aussi naturel que le nôtre; comme si leur esprit n'était pas aussi vif, aussi lumineux que celui des hommes!

Cependant, Messieurs, Rome, jadis maîtresse du Monde, et reine des beaux-arts, vit s'élever sous son empire plusieurs académies de savants, qui associèrent les femmes à leurs illustres travaux.

Les douze fondateurs de l'académie *des Arcades*, en 1690, se réunissaient chez la reine Christine de Suède, et ils la nommèrent leur protectrice.

L'académie de *la Crusca*, non moins illustre, s'est également élevée au sein de l'Italie moderne, et de nos jours, plusieurs dames françaises, dont les noms sont chers à la patrie, ont brigué et obtenu l'honneur d'être reçues par ces académies. Je citerai la baronne de Bourdic, qui, naguères, faisait encore partie de ces deux sociétés savantes. Cette femme illustre à tant de titres, mourut, par une catastrophe, au commencement du voyage qu'elle avait entrepris, dans l'espoir de visiter des lieux fiers d'avoir gravé son nom sur l'airain immortel.

Sans doute, et je les ai visités avec respect, avec

attendrissement, l'Italie à conservé des monuments précieux qui attestent la grandeur des Romains ; la Grèce même peut vous paraître encore riche de ses ruines ; mais, Messieurs, les beaux-arts désolés ont fui ces contrées ravagées par le temps ; la France est devenue leur patrie adoptive; leur mère-nourrice : elle les a reçus dans leur exil, ils se sont naturalisés dans ce séjour; et la première capitale du Monde, Paris, leur offre aujourd'hui un berceau rayonnant de la gloire des souvenirs, des richesses du présent, et de l'espérance de l'avenir.

Ainsi, en reconnaissant le grand point d'utilité des académies, dont le but-tend à la conservation, à la perfection des arts et des lettres; pourquoi les dames ne tresseraient-elles pas elles-mêmes les couronnes réservées au génie ? Pourquoi nos femmes savantes n'auraient-elles pas aussi leur académie...... leur reine protectrice?...

Félicitons - nous, Messieurs, d'avoir été admis dans leur cercle. La société des femmes polit, éclaire, agrandit l'esprit, les moyens, les facultés de l'homme ; nous avons donc intérêt de la rechercher. Près des dames, nous oublions facilement les contrariétés, les peines, les chagrins de la vie, et nos loisirs ne sont jamais remplis avec plus d'agrément, que lorsque nous les leur avons consacrés.

Les fatigues, les embarras, les difficultés plus ou moins renaissantes dans le cours d'une carrière limitée, seraient une tache accablante, si, par d'agréables distractions, l'homme social ne savait de temps en temps soulever, ou son joug, ou sa chaîne, et mettre une barrière entre l'assujettissement et lui.

Ici, comme première loi, nous reconnaîtrons les

déférences de la parole et le dévouement absolu du cœur pour *la légitimité* qui nous gouverne. Chérissant par devoir, le Prince auguste à qui la Providence a rendu ses droits, nous le bénirons à tous moments, parce qu'il a repoussé toute idée de vengeance, et que faisant asseoir avec lui sur son trône, et le génie et l'humanité, il a su mettre son bonheur à réconcilier la France avec elle-même, et la liberté publique avec le pouvoir. Il fera plus, Messieurs, il rendra la paix à l'Espagne, aux Français leur vieille gloire.

Femmes spirituelles et charmantes ! vous serez, après la Divinité et le Monarque, l'objet de nos plus purs hommages. Sans vous, sans votre présence la société languit et s'éteint. De même que l'astre du jour ranime tout dans l'Univers et rend la vie à la nature entière, vous redonnez l'existence au Monde civilisé !

L'homme serait bien ingrat, s'il vous séparait un instant de ses affections et de ses jouissances. Vous lui avez donné l'être. Dès sa première heure, vous lui avez ouvert ce sein généreux qu'il ne saurait oublier sans crime. Vous avez guidé, affermi ses premiers pas. Vous lui avez appris à dire, à prononcer les doux noms de *père* et de *mère*, et presqu'aussitôt le nom de l'Être céleste, son créateur. Vous lui avez indiqué, sans hauteur, sans emportements, le chemin si difficile des devoirs et des bienséances. Pour son bien, pour son utilité, vous avez dirigé avec art toutes ses inclinations naissantes ; et dans l'espoir d'en faire un être parfait et accompli, vous lui avez prêté vos sentiments, vos grâces, vos talens, et jusqu'aux traits de votre ressemblance.

A l'exception de l'injuste Boileau, tous les grands écrivains ont trouvé de la gloire à chanter vos vertus à célébrer vos louanges. Nos plus grands monarques ont été ceux de nos rois qui vous ont le plus honorées : et vous avez ouvert le temple de l'immortalité au sensible auteur de *Bérénice* et d'*Andromaque*.

Laissons des écrivains, bizarres et de mauvaise foi, chercher, par de vaines exceptions, à faire oublier la règle générale : ce que Dieu décida pour son *Paradis terrestre*, est décidé pour l'Univers, jusqu'à la fin des temps. Les siècles chevaleresques ont fondé votre empire, et les descendants des troubadours ne consentiront pas à le renverser. La France, plus qu'aucune autre nation, vous doit son culte et ses hommages. La France, sans doute, a de quoi s'honorer par le tableau de ses hommes illustres ; mais la liste charmante de ses femmes célèbres ne le cède point à ce glorieux tableau. Quelle galerie, en effet, Messieurs, que celle où nos yeux retrouveraient les portraits des *Jeanne d'Arc*, des *Agnès Sorel*, des *Marguerite de Navarre*, des *Motteville*, des *Lafayette*, des *Sévigné*, des *Déshoulières*, des *Graffigny*, des *Maintenon*, des *Staël*, et de tant d'autres que les étrangers connaissent aussi bien que nous-mêmes, et dont ils envient la naissance à notre heureux climat ! Quelle galerie, Messieurs, que celle où nous retrouverions tout à coup les touchantes images de la jeune *Sombreuil*, joyeuse de mourir avec le respectable auteur de ses jours ; de mademoisselle de *Corday*, s'immolant avec grandeur pour délivrer les Français d'un prédicateur immoral et sanguinaire ; de madame de *Lamballe*, accourant du fond de l'Angleterre protectrice pour mourir auprès d'ANTOINETTE, son amie, abandonnée de l'univers entier !

A ce nom d'ANTOINETTE, qu'il est difficile, Messieurs, de dissimuler son émotion et de retenir ses larmes ! Grande reine, épouse héroïque, mère incomparable, vous méritiez un autre siècle, un autre peuple, un autre Univers ! Comme un bûcher inexorable, nos discordes civiles vous ont dévorée. La calomnie, suivie du trépas, a tranché vos jours, à peine sortis de leur printemps ; vos bourreaux vous ont outragée jusque sur l'échafaud, jusque dans la tombe ; mais le soleil de vérité, dissipant des nuages sortis de la boue, a remis tous vos traits en lumière et réveillé tous les sentiments qui vous sont dus.

Je ne pouvais, Messieurs, rendre hommage à nos femmes célèbres, sans payer le plus juste tribut à la plus intéressante, à la plus célèbre de toutes ; et je ne pouvais rappeler son triste sort sans rouvrir toutes vos blessures.

Le *Cercle de l'Athénée des Dames* offrira l'image de ces réunions où notre aimable reine avait adopté, perfectionné l'esprit français, les manières françaises ; l'image de ces réunions, à la fois naturelles et polies, d'où elle avait banni l'étiquette assujétissante, la morgue de l'orgueil et de la supériorité, pour n'y laisser régner que l'aisance, la politesse enjouée, les égards indispensables et le bon ton. Partout, en paraissant, elle dissipait les contraintes, elle encourageait la timidité, elle apercevait les bonnes intentions, démêlait le mérite ; et ne se refusant jamais aux récréations agréables d'une société bien ordonnée, on la vit plus d'une fois chausser le

brodequin de Thalie, et manier, au lieu d'un sceptre, la houlette gracieuse des hameaux.

En nos modestes salons, cette même liberté d'a-
musements régnera toujours, grâce à votre indulgence et à votre bon esprit. L'amitié, l'estime, la
confiance tutélaire seront nos doux liens.

Les rivalités étant bannies, la concorde la plus
intime présidera à tous nos jeux, à tous nos délas-
sements.

Tous les auteurs, tous les artistes distingués trou-
veront près de nous un asile d'encouragement, d'é-
mulation ou de consolation. Nous écouterons, nous
examinerons leurs ouvrages avec intérêt, avec
bonté. On ne dira pas de nous que nous visons à
l'usurpation d'un fauteuil ou à l'enlèvement d'un
bonnet doctoral. Mais en nous voyant tels que nous
sommes, on nous accordera toujours, sinon l'esprit
de la science, au moins la science de l'esprit. Enfin,
Messieurs, la misère et le malheur sont assurés de
notre pitié miséricordieuse et de nos secours généreux.

Si l'envie, toujours aux recherches et toujours
ennemie des plaisirs innocents, apercevait cette de-
meure et osait nous lancer quelques traits, nous lui
opposerons notre respect pour les lois, la pureté de
nos principes, la droiture de nos intentions; et sur
cette lime, pareille à la lime de la fable, le serpent
de l'envie userait toutes ses dents. On est toujours
assez fort lorsqu'on est irréprochable.